COMITÉ RÉPUBLICAIN
De CRUZY-LE-CHATEL (Yonne)

STATUTS & RÈGLEMENTS

ARRÊTÉS ET VOTÉS

DANS LA REUNION GENERALE DU 8 NOVEMBRE 1891

NOM & PRENOMS DE L'ADHERENT

_____

DOMICILE

_____

TONNERRE

IMPRIMERIE G. ROY, 4 RUE DE L'ANCIEN COLLEGE

1891

COMITÉ RÉPUBLICAIN
De CRUZY-LE-CHATEL (Yonne)

STATUTS & RÈGLEMENTS

ARRÊTÉS ET VOTES

DANS LA REUNION GENERALE DU 8 NOVEMBRE 1891

NOM & PRENOMS DE L'ADHERENT

DOMICILE

TONNERRE
IMPRIMERIE G. ROY, 4 RUE DE L'ANCIEN COLLEGE

1891

COMITÉ REPUBLICAIN DE CRUZY-LE-CHATEL

SEANCE DU 8 NOVEMBRE 1891
(Extrait du Procès Verbal)

DISCOURS DE M BOUILLIN
Président de la Réunion
(Assesseurs MM LABOSSE et DAUTUN — Secretaire M BERGER)

Messieurs et Chers Concitoyens,

« C'est tout d'abord un besoin et un devoir pour
« nous de vous remercier tous d'avoir repondu, d'etre
« venus en grand nombre a notre appel ! (Nous som-
« mes actuellement 448 adherents repartis dans toutes
« les communes du canton) Vous avez compris qu'il
« s'agissait de la creation d'une œuvre serieuse, qui
« doit affermir et consolider la Republique vous avez
« eu confiance vous avez voulu vous y associer ! Soyez
« donc les bienvenus Au nom du Comite d'initiative,
« je vous felicite et vous remercie

« Et maintenant qui sommes nous ? Que deman-
« dons nous ? Nous devons le dire bien haut a tous,
« avec franchise Fondateurs de cette Societe profon-
« dement attaches aux institutions que le pays s'est
« librement donnees, respectueux de la loi partisans
« du progres, adversaires resolus de toutes les doc-
« trines et de tous les partis retrogrades, nous sommes
« Republicains et nous pensons que ces convictions
« qui, chez nous sont aussi anciennes que profondes,
« sont egalement les votres, a tous ! a tous !

« (Oui, oui, de toutes parts)

« Nous croyons que sous l'empire du suffrage uni-
« versel, que nous avons le bonheur de posseder et
« dans une Republique vraiment democratique, il im-
« porte de former et de developper la vie publique,
« sans laquelle il ne pourrait exister de peuple vraiment
« libre et maitre souverain de ses destinees

« Et nous voulons par la propagande, par la presse
« democratique, par les voies legales et celles pacifiques
« de la discussion, organiser le Parti Republicain dans

« notre canton, assurer l'extension des idées républi-
« caines et le succès des candidatures que nous aurons
choisies, en un mot défendre la République et nous
« faire aux mœurs de la Liberté ! de la Liberté que nos
« pères et nous avons conquise après un siècle de lut-
« tes et d'épreuves de toute sorte (Applaudissements).

« Nous voulons plus encore, au lieu de faire de la
« Fraternité et du Républicanisme en paroles, nous
« voulons mettre ces sentiments en action. Nous avons
« un but plus pratique et plus immédiatement réalisa-
« ble, c'est surtout en République, à l'époque où nous
sommes, en présence de problèmes sociaux qui atten-
« dent une solution, qu'il faut créer et multiplier les
« Sociétés d'assistance mutuelle, dans le but de venir
« autant que possible, en aide aux faibles, aux petits,
« aux travailleurs. Ce sont eux, ne l'oublions pas, qui
« ont fait la République, ce sont eux qu'il faut proté-
« ger, soutenir, auxquels il faut rendre des services,
« services que, d'ailleurs, je m'empresse de le dire,
« chacun de nous peut tour à tour rendre ou recevoir.
« Et nous avons voulu établir un centre de relations
« entre nous tous, un bureau, un service de perma-
« nence auquel tout Sociétaire pourra s'adresser gra-
« tuitement pour tous renseignements, conseils et ap-
« puis nécessaires pour leurs personnes, biens et affai-
« res quelconques. Nous arriverons ainsi et facilement
« à nous intéresser davantage les uns aux autres, à nous
« mieux connaître, à nous aimer, à nous entr'aider mu-
tuellement. Nous aurons des rapports fréquents
« exempts de toute rivalité et de toute arrière-pensée
« qui nous rappelleront en même temps nos souvenirs
« d'enfance ou de jeunesse, notre devoir, notre esprit
« de fraternité et de solidarité et de bienveillance mu-
« tuelle, en quelque sorte innée, qu'enfants du même
« pays, tous républicains, nous devons avoir les uns
« pour les autres.

Associons-nous ! Agissons donc !

Longtemps, trop longtemps hélas ! nous avons
« eu pour excuse l'absence de la Liberté. Aujourd'hui,
« nous sommes libres, et, loin de nous entraver, le
« Gouvernement, au contraire, nous favorise. Mais,
« comptons sur nous-mêmes, et déshabituons-nous,

« si c'est possible, de tout attendre de l'État ou du
« Gouvernement.

« C'était là le propre des temps et des mœurs mo-
« narchiques.

« L'État c'est moi, disait Louis XIV, et on atten-
« dait tout de lui. Qu'a-t-on obtenu de son règne, à
« part une gloire éphémère ? C'était pourtant l'époque
« la plus brillante de la monarchie. Nous avons eu la
« ruine de nos finances comme toujours, les scandales
« et les hontes qui ont déshonoré le règne de son suc-
« cesseur et eussent suffi pour légitimer notre Révolu-
« tion si la revendication des Droits du Peuple n'était
« pas en tout temps légitime et si la Liberté n'était pas
« un bien inaliénable et imprescriptible (Applaudisse-
« ments prolongés).

« Aujourd'hui l'État c'est nous tous.

« La souveraineté réside dans l'universalité de tous
« les citoyens et au point de vue social, cette souve-
« raineté se traduit par le libre exercice du droit de
« réunion et d'association.

« Agissons donc, groupons-nous, unissons nos
« efforts pour atteindre notre but qui est l'union et la
« concorde de tous les patriotes, dans un amour égal
« et sincère de la Liberté et du Peuple sous le drapeau
« de la République. »

(Ce discours a été suivi des plus chaleureux applaudissements).

Pour faciliter la discussion, lecture a été donnée
d'un projet de Statuts élaboré par le Comité d'initiative
après un échange d'observations ces Statuts ont été
définitivement adoptés. Puis il a été procédé à l'élection
du Bureau du Comité et M. Labosse, Maire de Saint-
Vinnemer, a été élu par acclamation Président du
Comité Républicain de Cruzy-le-Châtel.

« Et maintenant a dit le Président de la réunion
« je m'efface et rentre dans le rang, priant M. Labosse
« de vouloir bien prendre la présidence. Nul n'est plus
« digne de cet honneur que notre ami Labosse, dont
le dévouement et le caractère nous imposent une res-
pectueuse déférence et lui ont fait une grande et légi-
« time situation dans notre canton ! (Applaudissements
« et marques d'approbation).

STATUTS & RÈGLEMENTS

ARTICLE PREMIER

Les Electeurs Republicains soussignes soucieux de leurs devoirs civiques convaincus de l insuffisance de leurs efforts individuels agissant dans une meme pensee de devouement aux interets publics sont convenus de former une association sous le titre « *Comite Republicain de Cruzy le Chatel* » dont le but est

1° D assurer l extension des idees republicaines et le succes des candidatures republicaines dans toutes les elections, a tous les degres

2° Et d etablir un centre de relations entre tous les adherents, en leur procurant tout l appui possible

Son action ne s etend qu au canton de Cruzy

ARTICLE DEUXIEME

La Societe est administree par un Bureau compose de un President deux Vice Presidents un Tresorier, deux Secretaires et dix huit assesseurs ou delegues collecteurs Ils sont elus pour deux ans Ils sont reeligibles

Le President a l initiative des convocations en Assemblee generale Il surveille et assure l execution des Statuts et Reglements ainsi que de toutes deliberations Il preside les reunions Il est charge de la bonne tenue des assemblees et de l ordre dans les discussions Il signe tous les actes arretes et deliberations

Les Vice Presidents sont appeles par rang d anciennete ou par rang d age si leur nomination date du meme jour a remplacer le President et a en exercer toutes les attributions en cas de maladie, absence ou empechement

Le Tresorier fait les recettes et paiements, ces derniers sur mandats signes du President Il presente deux fois par an a l Assemblee le compte rendu de la situation

Les Secretaires sont charges a tour de role, de la redaction des proces verbaux de la correspondance, des convocations et de la conservation des archives

La mission *des Assesseurs* ou *Delegues Collecteurs*, nommes autant que possible dans chaque commune a raison d un Assesseur par cinquante adherents consiste a eclairer et renseigner le Comite et a s entendre avec lui sur toute question interessant les communes du canton enfin recruter de nouveaux adherents ils prennent part a toutes reunions avec voix deliberative

La presence de la moitie au moins des Membres du Bureau est necessaire pour la validite de toute deliberation Et vingt cinq Membres pourront demander quand ils le jugeront necessaire, la convocation du Bureau du Comite

ARTICLE TROISIEME

Le nombre des Adherents est illimite Tout citoyen electeur habitant le canton de Cruzy adherant aux presents Statuts et Reglements, pourra faire partie du Comite Sa demande sera presentee et appuyee par deux Societaires

Le Bureau du Comite statue sur l admission ou le refus

ARTICLE QUATRIEME

Chaque Societaire paiera une cotisation d UN FRANC annuellement et d avance aux epoques et de la maniere fixee par le Bureau et mention en sera faite par le Tresorier sur le livret remis a chaque Membre En temps d elections, le Comite provoquera s il y a lieu, des souscriptions extraordinaires Les fonds seront appliques aux depenses generales et aux frais necessites par la propagande, les reunions et la publicite necessaires

ARTICLE CINQUIEME

Il sera etabli par les soins du Bureau, au siege de la Societe un service de permanence auquel pourront s adresser tous les Societaires qui auront besoin de renseignements de conseils et de recommandations ou de l appui du Comite pour leurs personnes biens et affaires quelconques

ARTICLE SIXIEME

Les propositions qui pourront etre faites par les Societaires devront etre formulees par ecrit et adressees au Bureau avant l'Assemblee Generale

Les presents Statuts ne pourront etre modifies que par deliberation de l'Assemblee Generale Un exemplaire contenant l'extrait du proces verbal de la reunion d'aujourd hui en sera delivre a chaque Membre

ARTICLE SEPTIEME

Le Bureau a ete constitue definitivement par les nominations suivantes

President

M. LABOSSE Maire de Saint Vinnemer

Vice Presidents

M. DAUTUN ancien Maire a Commissey
M. BERGER Adjoint au Maire de Cruzy le Chatel

Tresorier

M. BONNEAU Agent Voyer a Cruzy

Secretaires

M. PRIEUR Negociant a Cruzy
M. MICHAUT Instituteur a Cruzy

Assesseurs

Cruzy — 74 Adherents (°) — MM. JEANNOLLE, Conseiller Municipal et MONTAGNE Cafetier
St Vinnemer — 64 Adherents (2) — MM. FORGEOT et RIGOUT
Gland — M. CAMUS ancien Maire
Pimelles — M. SAGET Maire
Sennevoy le Haut — M. FERRAND Maire
Sennevoy le Bas — M. AUBRAT Conser Municipal
Gigny — M. Jules SERBOURCE
Rugny — M. PROST Henri
Villon — M. MATHIEU pere
Thorey — M. MENEGAULT Anastase
Melisey — M. JOLLOIS Maire
Tanlay — M. LENIEF Henri
Commissey — M. LUCAS.

Baon — M. BOULARD Maire
Trichey — M. COURTAUX Maire
Arthonnay — M. CHADRIN Adjoint
Quincerot — M. RICHEBOURG Athanase
Saint Martin sur Armançon — M. MASSON, Maire

M. Labosse avant de clore a remercié les Membres du Bureau du grand honneur qu'ils lui avaient fait en le nommant Président, et leur a donné l'assurance que tous ses efforts tout son dévouement toute son activité seront employés à assurer la prospérité du Comité Républicain cantonal (Applaudissements)

Et la séance a été levée aux cris répétés par tous

VIVE LA REPUBLIQUE !

Les présents Statuts et Reglements ont été ainsi arrêtés et votés par la Société du Comité Républicain de Cruzy-le-Chatel, dans sa réunion du 8 Novembre 1891

(Suivent les Signatures)

Pour extrait conforme

Le Secrétaire PRIEUR

DATE DES VERSEMENTS & SIGNATURE DU TRESORIER	Sommes Versées

DATE DES VERSEMENTS & SIGNATURE DU TRESORIER	Sommes Versees

DATE DES VERSEMENTS & SIGNATURE DU TRESORIER	Sommes Versées

9

www.ingramcontent.com/pod-product-compliance
Lightning Source LLC
Chambersburg PA
CBHW050358210326
41520CB00020B/6364